AF224388

4521

PARALELLES

DE CESAR, ET

DE HENRY

LE GRAND.

Par Monsieur le Duc de Sully.

A PARIS,

Chez TOVSSAINCT DV BRAY, ruë S. Iacques
aux Espics meurs, & en sa boutique au Palais,
en la gallerie des Prisonniers.

M. D. C. XV.

AVEC PRIVILEGE DV ROY.

PARALELLES
DE CESAR, ET DE
HENRY LE GRAND.

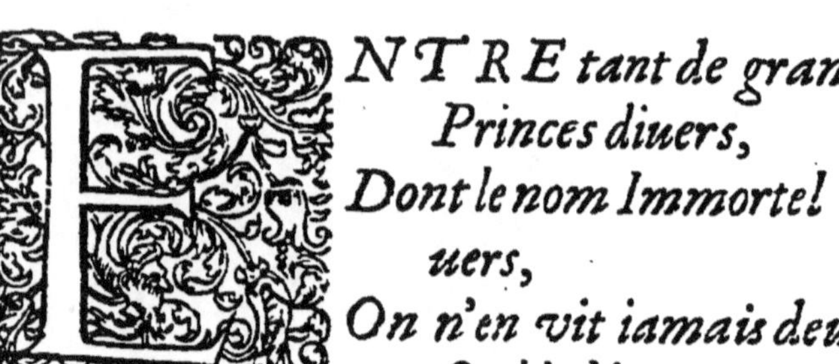

NTRE tant de grands Chefs, & de
    Princes diuers,
Dont le nom Immortel volle par l'Vni-
    uers,
On n'en vit iamais deux si grands & si
    semblables,
Que Cesar & Henry, deux vainqueurs indontables ;
Tellement qu'on pourroit comme d'vn mesme cours,
De Cesar, & Henry former mesme discours,
Ayants eu mesme entrée, & mesme issuë en Terre
Mesme hōneur, mesme gloire, & mesme ardeur en guerre
Cesar par ses vertus esgalla son bon-heur ;
Henry de tous les Roys surmonta la valleur.
Cesar fit en son temps des choses nompareilles ;
Et les faits de Henry sont autant de merueilles..
Cesar fut ordonné des Cieux, & du Destin
Pour former vn Estat qui n'auroit point de fin.

Henry fut preserué par le sort fauorable
Pour regir cét Empire à iamais perdurable.
Cesar vint d'Eneas, & des Rois Martiens,
Henry vint d'Enecus, & des Princes Troyens.
Cesar nasquit a Romme entre les sept montagnes
Alors que les Rommains rauageoyent leurs campagnes.
Et Henry prist naissance au pied des monts affreux
Alors qu'on projettoit les guerres & les feux.
Cesar dés le berceau vit faire la pratique
Qui changea tout l'estat de la chose publique,
Et Henry vit former le dessein des François
Qui voulurent changer leur Estat & leurs Rois.
Cesar fut façonné dés son Adolescence
Par ceux dont le party establit sa puissance,
Et Henry par ses Rois dont la proximité
Luy deuoit quelque iour laisser l'authorité.
Cesar fut endurcy dés sa premiere enfance,
A porter tous trauaux sans nulle impatience;
Henry fut esleué comme vn simple Soldat,
Et comme vn grand Guerrier qu'on destine au combat.
Au milieu des perils, du meurtre, & du naufrage;
C'estoit lors que Cesar monstroit plus de courage.
Les dangers, les trauaux, & les actes guerriers
Ont esté de Henry les esbas coustumiers.
Aussi nuls accidens des choses incertaines
N'effrayerent iamais ces deux grands Cappitaines.
Tous deux dans les ardeurs des partis differents
Virent bien-tost mourir leurs plus proches parents.

Cesar

Cesar voyant par tout sa faction destruitte
Deuers la Bithinie aussi-tost prist la fuitte :
Et Henry cognoissant ses amis ruïnez,
Se retira soudain vers les monts Pyrenez.
Cesar de deux prisons desengagea sa vie,
Henry sa liberté qu'on auoit asseruie.
Les parens de Cesar, leurs amis, leurs soldats
Furent tous déconfis en quatre grands combats,
Et rien ne feust resté d'vne telle puissance
S'il n'eust lors releué leur premiere esperancé.
Henry vit ses parens quatre fois combattus,
Sa maison presqu'à bas, ses amis abattus,
Et ne feust rien resté au sang n'y au merite,
Si de ce grand Empire il n'eust pris la conduitte. —
Vn Cesar, vn Henry, maintes fois ont remis
Vn Camp que l'on croyoit vaincu des ennemis,
Ont arraché des poings les Enseignes, les Targes,
Les Picques des soldats qui s'enfuyoyent des charges.
Pour les encourager : & d'vn bras furieux,
Renuerser l'ennemy presque victorieux.
Cesar n'estant encor qu'en son adolescence
Fut nommé Chef de part auec toutte puissance,
Henry fut d'vn party general recongnu
Bien qu'il ne feust encore a vingt ans paruenu.
Cesar vit son beau fils, son fils & leurs armees,
Contre luy se liguer, a sa perte animées ;
Henry vit contre luy sès Cousins alliez,
Auec sa Belle mere, & son Oncle liez.

femmes, les ingrats, l'ambition, l'enuie,
spoüillerent Cesar de puissance, & de vie ;
nopces, les ingrats, l'ambition, l'orgueil
irent la France en pleurs, & Henry au cercueil.
ans l'Espagne Cesar desmesla plus d'affaires
il n'en eut auec tous ses autres aduersaires ;
tousiours eut Henry ces peuples dépitez
ntre luy, & la France ardamment irritez.
ambition des grands, leur haine, & leur pratique
irent contre Cesar toutte la Republique,
nry vit contre luy son Roy mesme offensé
r la ligue des grands dont il fut trauersé.
sar en mesprisant touttes les choses vaines,
sseda des honneurs, & des grandeurs certaines,
Henry rejetta tous offres de grandeur
ustost que d'offenser son ame & son honneur.
n personne Cesar fut tousiours redoutable,
ais les siens quelquesfois ont fait perte notable,
Henry a tousiours ses ennemis domptez,
ais quelquesfois les siens ont esté surmontez :
esar dressa luy-mesme vn vaillant Cappitaine
ui luy porta sans cause vne Immortelle haine,
enry pareillement vn guerrier valleureux
ui par ambition se rendit mal-heureux.
n Cesar, vn Henry, ioignirent la prudence,
t l'extreme valeur, auec la dilligence.
esar aux ennemis offroit tousiours la Paix,
persone Henry, n'en refusa iamais.

Cesar par ses Vertus eut le peuple propice
Henry gaigna le cœur de son Roy par seruice.
Cesar fit reparer d'vn incroyable soin
Les Ponts & les pauez, qui en auoient besoin ;
Et Henry fist refaire auec magnificence,
Tous les Ponts, les pauez, & les chemins de France.
Authun, Chartres, Beauuais, se voulans reünir,
Mirent les armes bas voyans Cesar venir ;
Nantes, Blauet, Sedan, le reste des alarmes,
Voyans marcher Henry, eurent recours aux larmes.
De Bourges, d'Alexie, & d'Vxelodunom,
Cesar tira son los, sa gloire, & son renom.
Les sieges d'Amiens, Chartres, Lan, Dreux, la Fere,
Rendirent de Henry la fortune prospere.
Ny Henry, ny Cesar, estant hors du danger
Ne monstrerent iamais desir de se vanger.
Les combats de Pharsalle, Egipte, Tapse, & Munde
Aquirent a Cesar le Triumphe du Monde,
D'Arques, Coutras, Saueuze, & d'Yury les exploits
Aquirent a Henry les courages François.
Cesar rendit les biens, les honneurs & la vie
A ceux qui trop ingrats ont la sienne rauie ;
Et Henry s'efforça d'obliger par bienfaits,
Plusieurs qui enuioyent la gloire de ses faits.
Pharnasses estimant que la Guerre d'Egipte
Seroit plus perilleuse, & de plus longue suitte,
Arma de tous costez, desfist des legions,
Surprist la Capadoce, & d'autres regions ;

Mais au lieu qu'il pensoit ioindre la Bithinie,
Et le païs du Pont auecques l'Armenie,
Cesar en vn moment vint, batailla, vainquit,
Et cét Empire vain en six iours reconquit.
Emanuel croyant que les troubles de France
Luy donneroyent moyen d'vsurper la Prouence,
Surprend le Marquisat, espere au Dauphiné,
Et de se voir bientost vn grand Roy couronné :
Or la paix estant faitte, & vsant d'artifice
Pour retenir l'autruy sans forme de Iustice,
En vn moment Henry vint, assiegea, vainquit,
Et toute la Sauoye en deux mois il conquit.
Aussi qui veut sçauoir le mestier de la guerre,
Marcher, loger, camper, se retrancher dans terre,
Se deffendre, attaquer, s'adextrir aux combats,
S'aprocher pied a pied, policer des Soldats,
Fatiguer l'ennemy, par veilles, par allarmes,
Par la faim, par la soif, par finesse, & par armes,
Qu'il soit ainsi que fut le premier des Cesars,
Inuincible à la peine, intrepide aux hazars,
Qu'il suiue ses desseins & ses ruzes de guerre,
Ses passages du Rhin, ses traicts d'Angleterre,
De Ruspine, & d'Hebro : ses temporisemens,
Ses combats Germanicz, & ses retranchemens,
D'Aine, Sembre, Tournay, Bosleduc, Therouanes,
D'Asparague, d'Apsus, de Marseilles, de Vanes,
De Bourges, d'Alexie, & de Corfiniom,
De Brunduze, Duras, d'Ateque, d'Vrsdom,

Du Phare, & du Delta ; sa descente à Pharsalle
Ses traittes, ses logis, pour entrer en Thessalie ;
Ou bien qu'il se conforme a nostre dernier Roy,
Qu'il suiue ses projets , qu'il imite sa foy,
Ses resolutions en toutes entreprises,
Ses vertus, ses labeurs, ses ruzes, ses surprises. —
De Brouäge, Cahors, Niort, Saint Million,
Deoze, Bourg, Louuiers, Corbie, & Argenton,
Ses trajets de Garonne, Isle, Rosne, & Dourdongne,
Ses combas de Saint Seine, & d'Arnay en Bourgongne,
De Chelles, de Bondis, d'Aumalle, Pontarcy,
D'Iepe, Caudebec, & d'Iuetot aussy,
Ses secours a propos, ses heureuses retraittes,
Bref soit imitateur des choses qu'ils ont faittes.
Car Cesar & Henry ont liuré plus d'assaux,
Rendu plus de combats, porté plus de trauaux,
Deffait plus d'ennemis, passé plus de nauffrages,
Assiegé plus de forts, accomply plus d'ouurages,
Et monstré plus d'esprit que Prince ny Soldat,
Qui s'entremist iamais d'assaut, ny de combat.
Et qui voudroit marquer les campemens, les armes,
Les grands retranchemens, les sieges, les alarmes,
Que firent autresfois ces deux fameux guerriers,
Il en faudroit former des volumes entiers,
Ne s'estant passé iour durant maintes années,
Sans auoir aux combas leurs Cohortes menées.
Cesar ayant desfaict assez de nations,
Surmonté d'Empereurs, vaincu de Legions,

ayoit d'esleuer l'oliue plantureuse
de rendre soubs luy sa Monarchie heureuse,
enry ayant vaincu tant de braues Soldats,
mporté tant d'honneur en tant de grands combats.
siroit d'establir par tout l'agriculture,
ire fleurir les Arts, & la manufacture,
ais les Destins cruels, apres tant de hazars,
vne tragique fin rauirent ces deux Mars.
u temps que les Rommains donnerent la puissance
Cesar, pour regir & gouuerner la France,
e estoit diuisée en plusieurs nations,
utant d'estats formez, autant d'opinions,
n ne voyoit Païs, Ville, Cité, Prouince
ui n'eust sa Republique, ou son Roy, ou son Prince,
esmes les estrangers venoyent de touttes pars,
ffin de la d'estruire, & d'en faire des parts :
bien qu'il fut reduit en commençeant sa guerre,
retrancher son camp, a se loger dans terre,
our recongnoistre mieux la force, & les desseins,
e tant de nations, & Suisses, & Germains,
u'il desfist tost apres auec tel aduantage
u'ils perdirent l'espoir, la force, & le courage.
ors que Henry le Grand, la merueille des Rois,
t estably du Ciel sur l'Empire François,
out estoit reuolté, l'estat mis en partage,
on ne voyoit qu'horreur, cendre, sang, & pillage,
esmes les estrangers bastissans sur sa mort,
ttoyent le peuple en proye, & la couronne au sort,

Et ny auoit endroit, Cité, ny Ville en France,
Qui n'euſt de ſes Tirans eſprouué l'arrogance;
Tellement que Henry dès ces commancemens,
Fut contraint de camper dans des retranchemens,
Pour euiter l'effort de ces grandes armées
Qu'à ſa deſtruction il voyoit animées ,
Mais ayant fait ſentir a leur camp ſa valeur,
Diſperſé leurs Soldats, mis Paris en frayeur,
Il courut comme vn foudre en quatre ou cinq Prouince
Prendre Villes, Chaſteaux, & en chaſſer les Princes,
A tant d'euenemens, & de proſperitez,
A tant de bons ſuccez cy deſſus recitez ,
De ces deux grands Heros les mœurs incomparables,
Les hazards, les trauaux, les vertus admirables,
Seulles y ont eu part, mais aux effets ſuiuans
Les faueurs de fortune, & les Deſtins puiſſans,
Y ſont interuenus , pour calmer tant d'orages,
Appaiſer tant d'eſpris, changer tant de courages,
Les porter a l'enuy pour eſtre des premiers
Qui auroyent recongneu ces genereux guerriers;
Car Ceſar adjoignant a ſes vertus aimables,
Tant de ſubmiſſions, & d'offres raiſonnables,
Aquiſt en fin les cœurs des peuples des Citez
Qu'on eſtimoit auoir a ſa perte excitez,
Si bien qu'on vit ſoudain, Gaulle, Corſe, Sardaigne,
Italie, & Cicille arborer ſon Enſeigne,
Et reclamer ſon nom touttes les Legions,
Municipes, Bourgeois, Tribuns, Decurions,

Villes d'Arezo, Singulum & Ancone,
uny, Pezaro, Calaris, Tarracone,
cerre, Sulmona, Auxime, Tignium,
ano, Ascoly, Romme, Corfinium,
homene, Agubo, Antioche, Venouze,
upacte, Callora, Amathie & Canouze,
des, Thebes, Zama, Tharse, Orique, Calis,
dube, Vallona, Callidon, Hispalis,
nduze, Camerin, Huesca, Terracine,
phes, Langres, Authun, Metaponte, & Meßine,
une infinité d'autres peuples diuers
i prisoyent ses vertus plus que tout l'Vniuers;
ant außi Henry fait gouster a la France
solides raisons de sa iuste deffance,
dubitable droit de ses pretentions,
a benignité de ses conditions,
dain on vit fleschir Champagne, Picardie,
uence, Lionnois, Languedoc, Normandie,
etter a l'enuy deuant luy a genous
Maires, Escheuins, Consuls, & Capitous
Paris, Orleans, Roüan, Chaallons, Auxerre,
rges, Meaux, Perigueux, Dijon, Thoulouze, Berre,
euille, Amiens, Rheins, le Haure, Monstreuil,
yë, Vannes, Soiſſons, Rion, Cambray, Verneuil,
tiers, Arles, Valance, Alby, Rhodez, Narbonne,
rseille, Agen, Blauet, Vienne, Carcaſſonne,
uuais, Nantes, Dinan, Sens, Marmande, Lion,
ye, Aix, Saintflour, le Puy, Pierrefonds, & Noyon,

Or

Or Cesar & Henry s'estans rendus en terre
Deux Alcides seconds, deux foudres de la guerre,
Esleuerent encor tant d'hommes genereux,
Tant de braues Soldats, & de Chefs valleureux,
Que l'on peut iustement adiouster à leur gloire
Ce qui fut fait soubs eux plus digne de memoire,
Par Sergius Galba, sur les Veragriens,
Et par Montgommery sur les Orthesiens,
Sur Induciomar vaincu par Labiene,
A Luçon par deux Chefs, la Noüe & Saint Estiene,
Par Titure Sabin contre ceux de Roüan,
En Poictou aux assaux soustenus par Rohan,
Par le Ieune Crassus combattant les Vocomtes,
Sur le mesme païs par les quatre Vicomtes,
Par Labiene encor sur Paris, & Melun,
Sur Gordè à Castillon par Bonnes & Montbrun,
Par Trebon assiegeant la ville de Marseilles,
Par Roesse à Liuron où il fit des merueilles,
Par Marcus Messala qui fit tousiours des mieux,
Par Soissons à Coutras, le Perche, & autres lieux.
Par Fussius sauuant plusieurs trouppes défaittes,
Par Colligny qui fit de si braues retraittes,
Par Piso qui seruit en tous perils Cesar,
Par d'Ornano courant pour Henry maint hazar.
Par Pulfie & Uaran aux armes admirables,
Par Rosny signalé de playes honorables,
Par Sallone assiegé qui s'acquist tant de los,
Par Bellegarde aussi dans Quillebœuf enclos,

ar Sitius qui prit Cyrthe & mainte autre ville,
n diuers beaux combats rendus par Longueuille,
ar Curion de sang & de sueurs trempé,
ainqueur & non vaincu, s'il n'eust esté trompé,
ar Condé grand guerrier, & vray foudre de guerre,
à Dreux, & à Iarnac, pris, meurtry, mis en terre,
ar Crastin à Pharsalle où il eut tant d'honneur,
ar d'Andelot, par tout, le Cheuallier sans peur,
ar Sulpice à Chaalons conseruant la Prouince,
ar Neuers qui maintint la Champagne à son Prince,
ar Fabie & Canin sur les Luctoriens,
ar la Vallette aussi sur les Sauoysiens,
ar Vallere & Brutus qui prirent plusieurs Villes,
ar Chambaut, Chastillon, la Force, Viuans, Pilles,
ar Ciceron pressant de Cesar le retour,
Thoulouze & à Mende aussi par Vantadour,
ur le Ieune Silla contre le grand Pompée,
ar Lesdiguieres, lors qu'il défit Amedée,
ncor par Fabius contre les Poicteuins,
t Dumnaque leur Chef auec ses Angeuins,
ur Boüillon prés Beaumont contre le Sieur d'Amblize,
ur Curton lors qu'il fit à Randan quitter prise,
ur Euphanor sur mer en son premier bon-heur,
ur Themines battant Ioyeuse à Villemeur,
ur Sabinus encor inuesty dans le Perche,
ur la Rocheposay lors qu'il vainquit la Guierche,
ur Mitridate estant contre l'Egyptien,
ur Crequy & Pasquiers sur le Sauoysien,

Par Carfislenius au camp de Ptolomée,
Par d'Aumont fur Mercœur, Domjoan, & leur armée
Par Anthoine & Pifo en cent occafions,
Où ils firent merueille auec les Legions,
Par Biron en cent lieux contre les aduerfaires,
Sur Farnefe & Ferie, & Dompietre & Contreres,
Par Cornificius de Cefar le Quefteur,
Par Marcus Lepidus qui le fit Dictateur
Lefquels en plufieurs lieux monftrerent leurs proüeffes,
Acquirent à Cefar tant de grandes richeffes,
Tant d'armes, de Citez, & de prouifions,
Que chacun redoubtoit luy & fes Legions,
Sur les Sauoyfiens, par Rofny, Lefdiguieres,
Qui prinrent Montmeillan, S. Michel, Charbonniere
Confians, & Miolans. Et par Sully encor,
Lors qu'il acquift au Roy, tant d'armes & tant d'Or,
De poudres, de Canons, & de viures en France,
Que chacun admiroit vne telle abondance,
Et l'efprit de Henry plein de prudence & d'heur
Qui fceut fi bien choifir vn fi bon feruiteur.
De l'Empire Rommain les vaftes eftenduës,
Du peuple, & du Senat les haines continuës,
Efleuerent autant de Rois en leur Cité
Où ils en auoient ailleurs priué de Royauté,
Et n'eftant au pouuoir d'vne tourbe ciuille,
De changer tant de Mars en des Bourgeois de Ville,
Le Ciel voulut former par vn foin Paternel
D'vn populas confus vn Empire Eternel,

Choisissant au milieu de tous ces Cappitaines
Du plus grand des Guerriers les Vertus Souueraines,
Qui comme estant yssu de la race des Dieux
Meritoit que son nom s'esleuast iusqu'aux Cieux,
Les troubles de l'Estat, l'oisiueté, l'Enfance
Des Rois ayant laissé empieter la France,
Il n'y auoit moyen qu'vn Prince rejetté
Peust remettre l'Estat en son authoritté :
Parquoy le Ciel voullant d'vne telle anarchie,
Repurger des François la chere Monarchie,
Il choisit entre tous ces genereux Guerriers
Celuy qui meritoit d'auoir plus de lauriers,
Lequel extraict d'vn Roy que le Ciel fauorise,
Pouuoit seul paruenir à si haute entreprise.
Cesar ayant à soy tout l'Empire soubmis,
Flattoit ses Citoyens, caressoit ses amis,
Et mettant soubs le pied toutte aigreur de vangeance,
Faisoit du bien à tous, & à nul violance.
Henry ayant acquis l'Estat à sa valleur,
Caressoit les petits, aux grands faisoit honneur,
A tous les gens de bien estoit tousiours propice,
Rendoit esgallement à chacun la Iustice,
Et ne monstra iamais desir de se vanger
De ceux qui autresfois l'auroient pù outrager.
Cesar n'eut pas tousiours la fortune prospere,
Et Henry quelquesfois l'esprouua fort contraire;
Car il se presenta plusieurs occasions,
Où l'effet contredist à leurs affections.

Pres

Pres la Sembre, Cesar vit son fort au pillage,
Et Henry prés d'Heruaux perdit Camp, & barage,
Cesar perdit Cotta, son Camp, & ses Soldats,
Henry prés de Bassac, son Oncle & les Combats,
Cesar deuant Clairmont, fut contraint quitter prise,
Henry laissa Poictiers pour vne autre entreprise,
Cesar vit contre luy les plus grands disposez,
Henry eut à son bien les Princes opposez,
Cesar fut par decret declaré aduersaire,
Et Henry eut la Court à ses desirs contraire.
Cesar fut des Rommains, & des Consuls prescrit,
Henry fut fulminé de Romme par escrit.
Romme contre Cesar banda la République,
Contre Henry dans Romme on fit mainte pratique,
Prés Gadis trois grands Chefs par leur ambition
Mirent eux & leur Camp en desolation,
Prés Dourlans par discord, par despit, par enuie,
Trois Chefs furent desfaits dont l'vn perdit la vie,
Prés de Nicopoly Caluinus fut desfaict,
Par son impatience & son mauuais effect;
A Craon par discord & mauuaise conduitte
Tout fut precipité, & le camp mis en fuitte.
Prés Bragade Cesar perdit ses legions,
Et Henry prés d'Auneau diuerses nations.
Cesar prés de Duras embrassant trop d'ouurage,
Pressant trop l'ennemy receut vn grand dommage,
Et Henry mesprisant de trop grands ennemis
Pres d'Aumalle faillit d'estre en ruine mis.

omitius saisit & reuolta Marseille,
rnantil d'Amiens eut fortune pareille.
e dernier des combats où Cesar s'esprouua
t le plus perilleux que iamais il trouua,
t Henry n'eut iamais de plus chaudes allarmes
u'au dernier des combats où il trempa ses armes.
Iais Cesar & Henry par ces aduersitez,
Ionstrerent qu'ils n'estoyent iamais espouuentez.
esar restablissant l'image, & la memoire
'vn de ses ennemis il confirma sa gloire,
t Henry effaçant les diffames d'autruy,
sleua tout autant de loüanges pour luy,
insi ces deux Cesars s'estans rendus propices,
tous leurs Citoyens par tant de benefices ;
stimoyent les auoir tellement mesnagez,
u'à leur propre salut ils seroyent obligez.
Iais tant plus leurs vertus recommandoyent leur vie
ant plus les conjurez attisoyent leur enuie.
sar dont la prudence & la viuacité
e pouuoyent compatir auec l'oisiueté,
lyant fait ressentir à chacun sa clemence,
s liberalitez, & sa magnificence,
ressé le Senat, enrichy ses Soldats,
ppresté des festins, des ieux, & des Combats,
sparty ses honneurs, esleué ses Trophées,
riumphé tant de fois en si peu de Iournées,
té le souuenir des animositez,
imposé sillence aux cœurs plus irritez,

Sans s'arrester l'esprit aux querelles ciuilles,
Il forma pour desseins plus grands & plus vtilles,
De regler au Soleil le cours du Calendrier,
Retrancher le proffit que faisoit l'vsurier,
Abreger les longueurs des vaines plaidoyries,
Bastir vn Temple à Mars, dresser des Librairies,
Reformer tous excez, tous luxes, tous festins,
Reparer tous les Ponts, pauer les grands chemins,
Dessecher les Marais proches de Teracine,
Euacuer les eaux des Paluz de Fucine,
Et conjoindre les Mers en faisant retrancher
Les Istmes qui pouuoyent cet ouurage empescher,
Pour desseins de la guerre, adjouster à sa gloire
Des Parthes indomptez la finalle Victoire,
Affin de limiter sa domination
Du Fleuue Tanaïs vers le Septentrion,
Et deuers l'Orient du Palus Meotide,
Du Roch, & lac Caspien, & de la Mer Perside,
Si que bornant ainsi de Mers & de Rochers
Son Empire, il pensoit l'exempter de dangers,
Mais au lieu d'acquerir par tant de grands ouurages
Et d'actes genereux, les cœurs, & les courages,
L'impatiente enuie & le despit mutin
Qui nourrissoyent les cœurs d'vn poison intestin,
Ne peurent supporter ses vertus nompareilles
Ny qu'au nom des Rommains il fist tant de merueille
Car vingt & trois mutins, furieux, enragez,
Qu'en vie, honneurs, & biens il auoit obligez.

Meurtrirent ce Monarque en publique audiance
stant lors sans soupçon, sans armes, sans deffiance ;
Aussi le Ciel vangeur de ce crime inhumain
Mist à sang & à feu tout l'Empire Rommain,
ist couller des ruisseaux de sang parmy les villes,
Accabla l'Vniuers de discordes ciuilles,
ellement que celluy qu'ils auoyent rejetté,
ut apres comme vn Dieu d'vn chacun regretté.
enry dont les vertus n'eurent point de pareilles,
ui ne cessoit iamais de faire des merueilles,
uoy qu'il eust restably la France en liberté,
ait gouster à chacun son extréme bonté,
omblé tous ses Estats de ieux & d'allegresses,
Distribué dehors & dedans ses richesses,
ait florir la vertu, les armes, & les Lois,
n renom Immortel la gloire des François,
staint le souuenir des malheurs de la France,
t reduit tous partis à son obeissance,
eaumoins conuié par l'opportunité,
oulut pour actions dignes d'eternité,
gler sur le Soleil les années suiuantes,
loderer l'vsurier sur le proffit des rentes,
breger les longueurs dont l'on vse aux procez,
loderer tous festins, tous luxes, tous excez,
tablir des Lecteurs, leuer des Librairies,
parer tous les Ponts, les pauez, les voiries,
essecher les Marais, euacuer les eaux,
njoindre les deux Mers, faisant diuers ruisseaux,

Et

Et coupper Monts & Rocs, auec vn tel mesnage,
Qu'on auroit admiré l'inuenteur & l'ouurage,
Pour desseins de la guerre, il eust bien-tost fait voir,
Qu'auec la volonté il auoit le pouuoir,
De surmonter l'orgueil de ce grand aduersaire,
Dont l'estat à senty la hayne hereditaire,
D'incorporer en bref au Sceptre des François,
L'Empire & la Grandeur qu'il auoit autresfois,
Reduisant derechef les nations guerrieres.
Et d'Albis & d'Ister, ses antiques barrieres,
Esperant que l'honneur de tant de beaux projets,
Auquel estoit conjoint le bien de ses subjets,
Le repos, la grandeur, & la gloire de France,
Luy auroyent d'vn chacun acquis la bien-veillance,
Mais le sanglant dessein des Esprits infernaux,
Dont la premiere enuie engendra tous nos maux
Pousserent vn Demon qui rauit nostre gloire,
Meurtrissant ce grand Roy d'eternelle memoire,
Aussi le Tout-puissant comme iuste vangeur,
Des horribles forfaits, espandra sa fureur,
Tant sur les conjurez à ce sanglant desastre,
Que sur les vrais François dõt les vrais Rois sont l'astr
L'Encille, & le Tison ; En la fatallité,
Desquels seulle l'Estat treuue felicité,
Car Cesar & Henry auoyent de la Ieunesse,
Et de la force encor pour ioindre à leur proüesse,
Et pour rendre à iamais leurs estats triumphans,
Lors qu'ils furent meurtris à cinquante sept ans,

sposez de partir dans quatre ou cinq iournées,
ur ioindre au rendez-vous leurs trouppes ordonnées,
e desia l'on voyoit marcher de touttes pars
s Aigles, les Drapeaux, & les grands Estendars,
la terreur desquels toutte haute puissance
toit preste à cedder & rendre obeïssance :
sar laissa Auguste en sa minorité,
ui eut tant de courage & tant d'authorité,
u'il fist perir de fer, de rage, & de misere
ux qui s'estoyent meslez du meurtre de son Pere.
uis ayant surmonté les Princes & les Rois,
ompté les nations, & fait valloir ses lois,
regit l'Uniuers auec tant de prudence,
u'en son temps l'Eternel voullut prendre naissance.
enry nous à laissé son fils encor mineur,
quel tout plein d'esprit, de vertu, de bon-heur,
ra rude aux meschans, aux benins debonnaire,
iour accomplira les desseins de son Pere,
stablira les siens, les Armes, & les Lois,
l'antique grandeur de l'Empire François.
qu'unissant en luy la gloire, & la clemence,
Siecle d'or prendra sous son regne naissance.

F I N.

Extraict du Priuilege du Roy.

PAr grace & Priuilege du Roy, il est perm
Touffainct du Bray, Marchand Libraire
ré à Paris, d'imprimer où faire imprimer,
liure intitullé, *Paralelles de Cefar, & de H
ry le Grand, en vers François, & Latins*, & deffen
font faites à tous autres Libraires & Imprimeurs de
Royaume, de les imprimer où faire imprimer, fan
congé & confentement dudict du Bray, pendan
temps & terme de fix ans entiers & accomplis, fur
ne de confifcation defdits liures, & exemplaires c
trefaicts, & d'amande arbitraire enuers ledit du Br
& de tous fes defpens dommages & intherefts, a
que plus amplement eft contenu & declaré és let
dudit Priuilege. Donné à Paris ce feptiefme iou
Ianuier, mil fix cens quinze.

Par le Roy en fon Confeil.

Signé,

LAFFEMAS.

PARALLELA

CÆSARIS ET HENRICI

MAGNI.

5917

PAR insigne ducum, quos de tot millibus, ardens
Prodidit æternæ virtus in sæcula famæ,
Terrarum domini, dignißima nomina cœlo
Cæsar & Henricus toto iam vertice surgunt.
Sorte datos simili raptosque, vt gloria rerum
Par status, & paribus iungit victoria fatis,
Sic vno poterit committere pagina textu.
Fortunam Cæsar meritis ingentibus æquat.
Henricus virtute duces supereminet omnes.
Rebus inauditis decorat sua tempora Cæsar.
Henrici tot facta, tot & miracula credas.
Imperium nullis fundare in sæcula metis
Illi sorte datum est & amico numine Diuum.
Hunc quoque sæpe Deus violento ex hoste recepit
Victor vt æternum faceret tibi (Francia) regnum.

A

Cæsar ab Ænea se fert & origine Martis.
Henricus se Troiano de sanguine cretum.
Ille inter septem colles euagijt infans
Viribus ægra suis cùm iam prope Roma periret.
Editus hic subter iuga formidanda Pyrenes
Mox vidit flammas & operta tumescere bella.
Inter adhuc cunas, illi conuulsa moueri
Publica res visa & pessum status ire Quiritum.
Huic artes iamiam puero patuere dolique
Qui reges regni & formam mutare parabant.
Fœdere connubij Cæsar se partibus addit
Quarum opibus proprijs sperat munimina fatis.
Se consanguineis Henricus regibus, olim
Debebat vacuæ quorum succedere sedi.
A teneris Cæsar solitus perferre labores
Nullius impatiens operis. non milite vixit
Mollius Henricus puer, & iam prælia celsis
Concipiens animis, niuibus durauit & æstu.
Per medias strages, per aperta pericula, perque
Naufragia inuicto crescebat pectore Cæsar.
Et labor, & sæui semper discrimina Martis
Henrico lusus fuerant, & certa voluptas.
Nil dubios rerum casus horrebat vterque.
Ambobus pater & patrui & carißima mater
Inter ciuilis periére incendia flammæ.
Accisis paßim rebus dubiusque salutis
Bithinum fugit ad regem trans æquora Cæsar.
Partibus Henricus fractis ad saxa Pyrenes.

Seruauit vitam Cæsar bis compede lapsus,
Et libertatem, fugiens Henricus, ademptam.
Cæsaris affines, & opes, & robora, clades
Quattuor hauserunt, altoque potentia tanta
Exitio ruitura fuit, nisi Cæsaris arma
Spes instaurassent lapsas, animosque dedissent.
Et quater Henricus aduerso Marte propinquos
Vidit prostratos, socios, nomenque, domumque
Afflictam, nihil in meritis aut sanguine quicquam
Esse super, nisi naufragÿ clauum ipse teneret.
Cæsar & Henricus perruptas sæpe phalanges
Disiectasque acies & profligata suorum
Agmina restituere manu, cum signa maniplis
Eriperent, turmisque suas fugientibus hastas
Vnde etiam victis reuocata in pectora virtus
Fortunaque retrò victor mutante refûgit.
Delectus dux Cæsar adhuc florente iuuenta
Castrorum imperio iustis & præfuit armis.
Partibus Henricus dux est ascitus & auspex
Quattuor vt teneri vix lustra peregerat æui.
Arma in se generum Cæsar, generique clientès
Et sobolem totam iurata capessere vidit.
Henricus sibi cognatos insurgere, socrum
Et patruum, rerum violato fœdere sensit.
Connubia, ingrati, sacra, festáque, mille procellis
Cæsareum petiere caput, lethumque pararunt.
Henrico sacra, festa, ingrati, Hymenæus, amores
Lætos abrupêre dies, mortemque dederunt.

Cæsar in Hispanis adijt discrimina terris
Fortuna nusquam mage conflictatus iniqua.
Semper & infensos Henricus sensit Iberos.
Ambitus atque odium magnatum arteque dolique
In caput armarunt iratam Cæsaris Vrbem.
Henricus sic est odijs agitatus acerbis
Viderit vt patriam infestam regemque propinquum.
Imperium Cæsar, dum spernit inania rerum
Possedit solidum & certos est nactus honores.
Henricus spreuit promissa ingentia, queis aut
Pernicies animæ aut decoris iactura subesset.
Cæsar erat præsens hosti metuendus, at eius
Legati plerumque ingentia damna tulere.
Henricus nusquam nisi victor ab hoste recessit,
Illius at causam clades non vna secutis.
Te Labiene ducem magnum per Gallica bella.
Formauit Cæsar, quem nullo es iure perôsus.
Inter & arma virum Henricus formauerat armis
Egregium, ni mox cæca ambitione perisset.
Impiger & prudens & iuxtâ fortis vterque.
Obtulit ille suis pacem hostibus, iste negauit
Hanc nunquam patriæ, plebis tulit ille fauorem
Hic regis meruit cui mox succederet hæres.
Pontes atque vias ille instaurauit, at iste
Magnifico Francis perfecit talia sumptu.
Carnutes, Hedui, se Bellouacique minante
Cæsare, depositis permittunt ocyus armis.
Nannetes, Blauium, Sedanum, fax vltima belli

Henrici

Henrici adspectu ad lacrymas fugêre precesque.
Vxelodunenses, Biturix, & Alexia, famam
Cæsareis armis & nomina magna dedêre.
Carnutes, Laudunum, Amiani, Fera, Drocumque
Henrico auspicijs decus adiêcere secundis.
Nec bello nec pace vllam concoxit vterque
Vindictâ. Aegyptus, Thapsus, Pharsalia, Munda
Fecerunt victrici acie, pugnisque cruentis
Ire triumphatum sub leges Cæsaris orbem.
Cotrasium, Ibriacæ laurus, Saueuzia & Arquæ
Henrico Francos, & Fràncica sceptra dederunt.
Fortunas, vitam, cunctos & Cæsar honores
Reddidit ingratis per quos est inde peremptus.
Henricus plures meritis deuinxit, adeptum
Qui decus ingenijs huic inuidêre malignis.
Pharnaces, Aegypto dum credit posse teneri
Cæsaris arma diu, legiones cædit, & amens
Cappadocum gentem vicinasque occupat oras:
Dumque putat Pontũ Armeniæ, & Bithinica rura
Iungere, Cæsar adest, venit, & videt, vndique vincit
Atque die sexto regem hunc sibi subdit inanem.
Emanuel, ratus in medio se posse tumultu
Gallorum, proprijs Phocæos addere tractus:
Iamque Salassorum potiens Delphinica regna
Somniat, & circum gentem spe deuorat omnem:
Pacatis demum rebus confûgit ad artes
Et retinere astu voluit, quod Marte nequibat:
Sed mox adueniens Henricus vicit, & vrbes

Allobrogum cepit gemina vix tempore Lunæ.
Præterea qui vult artes ediscere belli,
Ordine quo ducenda cohors, vbi castra locanda,
Aggere qui fossáue latus munire, vel hostem
Conueniat vitare, lacessere, prælia forti
Conseruisse manu, paulatim accedere, leges
Ponere militibus, hostem consumere cura
Peruigili, atque fame, terrore, sitique, dolisque,
Nullius impatiens discriminis atque laboris
Cæsaris insistat solers vestigia primi.
Illius exemplo sese conformet, & astus
Consiliumque imitetur, vt alti flumina Rheni
Atque procul positos penetrauerit vsque Britannos
Russinamque & Iberum, vt sit cunctatus, vt hosti
Germano congressus, vt & munimina fecit
Axona quâ Sabisque fluunt, vbi Neruius arua
Et Morinus colit, atque Ducis cognomine sylua
Asparagumque Apsusque & Phocæa colonia, & oræ
Armoricæ Veneti, Biturix, & Alexia, Brunda,
Corfinium, Phariæ, Graiæque, ac littoris vrbes
Ausonij Illyricique, quot & Pharsalica castris
In loca peruenit, quibus hîc stationibus vsus.
Ponat & ante oculos Henricum ciusque trophæa,
Virtutes animumque & facta fidemque sequatur:
Progressus, artes, indefessumque laborem:
Vt multas astu, plures vi ceperit vrbes,
Sammilium, Broagum, Cadurcos atque Niortum
Atque alias quas Pictonicis assurgere campis

Cernimus, & pingues vbi pandit Neustria glebas:
Breßiaque exiguis nuper mutata Salaßis,
Sequaniciue colunt Belgæ, vt dein larga Garumnæ
Flumina, & ingentes in equo tranauerit amnes:
Vt tempestiuum obseßis summiserit audax
Auxilium, & tuto remearit castra receptu.
Hos pariter primis ambos miretur ab annis.
Non illis alius princeps, aliusue monarcha
Terrarum dominus certamina plura peregit,
Non miles quisquam plures numerare labores
Euentusue queat, deiectas sæpius arces
Sæpius audaci commißáue prælia dextrâ
Siue repellendus fuit hostis, siue petendus.
Scribentur plenis hîc iusta volumina chartis
Narranti quoties tanti, loca commoda castris
Quæsiuere duces, aut metatá aggere longo
Munierint, quoties pulsarit machina muros:
Cum sit nulla dies multos elapsa per annos
Quin ducta ambobus fuerint ad bella cohortes.
Cæsar vbi multos reges & regna subegit
Pangere fœlicem cupiebat pacis oliuam.
Hostibus Henricus prostratis victor, vbique
Arua coli, atque bonæ artes florere iubebat,
Exitus at tragicus sors & crudelis virumque
Sustulit. In partes varias diuisa colebat
Gallia, delatas eius cum cepit habenas
A patribus Cæsar, nihil in commune gerebat,
Rectores vrbs quæque suos, prouincia quæque

Disiunctos habuit, peregrinæ huc vndique gentes
Ad prædam, rerum facie inuitante coïbant.
Principio Cæsar castris prætendere vallum
Cœpit, & Heluetios immani mole ruentes
Et Germanorum motus speculatus, vtrosque
Contudit, & fractos rem desperare coëgit.
Sic cùm cælitibus visum est, imponere Francis
Henricum regum decus immortale, duello
Vicinæ ruptis inter se legibus vrbes
Ardebant, flamma & strages atque horror vbique.
Quinetiam veluti perituro principe, gentes
Externæ regnum in prædam sortemque trahebant.
Tunc vrbs cuncta suos regioque est passa Tyrannos.
At rerum aduersis Rex immersabilis vndis
Munijt aggeribus sese, primosque minantum
Elusit motus coniuratosque furores.
Mox vbi prostratos disiecto milite fudit,
Concussitque tuos terrore Lutetia muros,
Fulminis in morem gentes irrupit & vrbes
Et coniuratis late abstulit oppida castris.
Cæsaris Henricique istis successibus vnam
Adscribas causam, mores vtriusque benignos
Virtutesque animi, desudatosque labores.
At sese in partem fortuna sequentibus offert,
Quòd res compositæ, quòd tempestatibus aura
Lenior accedens sæuas placauerit iras
Reddideritque animos hominum & certantia passim
Obseqnia. Ingentem sibi conciliauit amorem

Aeqna

Aequa petens Cæsar, gentesque recepit & vrbes
Factio quas odijs in eum flammarat acerbis.
Quippe secuta fidem mox Gallia, Corsicus vndis
Sardus & in medijs, Siculus dein proximus, omnes
Ausoniæ gentes, aliæ trans æquora multa
Græcia quas nouit, Cilicesque & tractus Orontis
Eoâ perfusus aqua, quas Bætica latè
Aspicit, in nostris Heduique & Lingones oris.
Vicit enim totum clementia Cæsaris orbem.
Sic Henrice tibi pro conditionibus æquis,
Iustitiâque tuæ causæ permota, verendis
Francia procubuit genibus, Campania, Neustri
Et vicina truci nimium Picardia Belgæ,
Lugdunum, Melda, Biturix, Aurelia, Narbo,
Diuio, Parrisij, Trecæ, quas vndique claudit
Oceanus, medias aut perlabentia terras
Aequora, Aquitani quas alluit vnda Garumna
Aut Ligeris Rhodanique, fluens quas Matrona lábit
Et Somona Oceani dum rectus in ostia fertur:
Et quascumque sinu medio complectitur ingens
Gallia, fluminibus procul & procul Amphitrite
Oratum misere suos, pacemque tulere.
Cæsar & Henricus factis super æthera noti
Ante alios reges, etiam Mauortę timendos
Formauere duces, necnon docuere sub armis
Tironem excubijs duroque assuescere Marti.
Cæsaris accedit decori, quod Galba Veragros
Gessit in aduersos. Henrici adiungitur actis

Quicquid in Orthesios est Mongomerius ausus
Induciomarum Labienus contudit illi.
Huic ad Lussonium pugna Lanouius acri
Sanstephanusque merent. illi quæ gesta Sabino
Dantur in Aulercos. huic quicquid Pictonas inter
Sustinuit proauûm dignus virtute Rohanus.
Accedunt illi quæ Crassus iunior olim
Perfecit, celsis infert dum bella Vocontis
Huic quod & in trepidos Comites egere Vocontos
Quattuor.   In laudes Labienus Cæsaris addit.
Parrisys & Melduni fœliciter acta,
Massiliæ & quæ tu geris obsidione Treboni.
Quod Messala suis semper clarissimus actis
Fusius aut fractas seruans virtute cohortes
Aut Piso cunctis solitus se offerre periclis
Aemula vel dudum Varene & Pulsio corda
Quicquid & obsessæ mirum fecere Salonæ
In Cirtham Afrorum atque alias quod Sentius vrbes
Curio quod sudore madens & sanguine, victor
Haud dubiè, victus nunquam sine fraude futurus.
Crastinus inque tuis quiquid Pharsalia campis.
Et dum Sulpitius Catalaunos protegit armis.
Henrici canitur, quicquid Mombrunius egit
Gordius aut pugnax, vel in ipsa Bonnius Alpe
Vel Roësus Liberone, per Allobrogesque Valetta.
Quicquid Cotrasÿ Vnellisque Suessio princeps.
Coliniusue canens tutos post arma receptus,
Ornanusque adiens tibi magna Henrice pericla,

Rosnius & plagis corpus confossus honestis
Inclususque Quilebouÿ Belagardius vndâ
Et Longauilla haud vno certamine victor,
Condæusque aliud fulmen, quem Iarnaca tellus
Et Druydæ videre capi, captumque necari:
Quodque fugæ Andelotus vir nescius atque timoris
Et quod Campanæ rector Niuernius oræ.
Quicquid Chambasius, Castillio, Pila, Cubernes,
Vivantus, Ventadurius per rura Tholosæ
Et Mimatiûm, quod Ediguerius dum vicit Amedeû,
Quod bellum ad montem Bullonius agmina fundens
Amblisÿ, & Randane tibi Curtonus adempta
Victor ouans præda, quod magna strage Ioëusæ
Ad Villamurium Theminius, atque Guierchi
Rupiposus domitor, vel terror Crequius ingens
Allobrogum, paribusque micans Pasquerius armis.
Quodque in Mercuriû Daumontius, inque pauentes
Domianni turmas, quod vel Bironus in hostem
Mille locis, dum Dompetrum fugat atque Tauanû
Cumque Esguillonio Contreram: quodque Sabaudis
Rosnius in campis, necnon Ediguerius vrbes
Dû capiunt montem Melium & tua sancte Michael
Moenia cum Carboneria, loca Cunque fluentum.
Quodque iterum regno dum tantùm Sullius auri
Congerit armorumque, & tantum pulueris atri
In tormenta parat, tam multa cibaria condit
Francus vt externis esset metuendus in oris.
Iamque in Luctorios Fabÿ gesta atque Caninî.

Oppida quæ Bruto quæque expugnata Valero
Cæfaris accrefcunt palmis, quod Sylla peregit
Iunior in Magnum, Ciceróue vbi preſſus ab hoſte
Cæfaris vrgebat reditum, quod rurſus in Andes-
Pictonicoſque Fabi geſſiſti, aut æquora fulcans
Euphranor, tuque Vnellis vallate Sabine.
Quod Mithridates Aegyptum dum territat armis
Aut Carfulenius Ptolomæi in mollia caſtra
Quod Piſo, quod vel Lepidus cui Cæfar honorem
Dictator debet, quodque aut Antonius, aut tu
Cornifici quæſtor, quorum virtute timendus
Extulit auguſtum caput, vt iam Cæfaris impar
Subÿceret faſcęs apici conterritus orbis.
Romani imperÿ moles, diſcordia patrum
Et plebis, media tot reges fecerat vrbe
Quot prius externis regno ſpoliauerat oris.
Nec iam Roma ſui compos, nec iura ſuperbis
Plebs vltrà poterat dare ciuibus: vnius aſtra
Subÿcere imperio gentem ſtatuere ferocem
Legeruntque ducem de tot modo ciuibus illum
Quem Diuum genus & virtus ſuper aſtra ferebat.
Otia, ciuiles motus, infantia regum
Perdiderant ſic te lacero iam Francia regno
Vt ſpes nulla foret, ſpreti moderamine regis
Lilia in antiquum reuireſere poſſe nitorem.
Numina confuſis tunc proſpicientia rebus
Ecce repurgato ſtatuunt imponere regno
Selectum de tot ducibus, cui plurima laurus

Parta

Parta manu, quem dijs chari de semine regis
Progenitum, rerum tantarum euenta manebant.
Iamque potens rerum Cæsar non vltor acerbus
Incubuit cuiquam, cunctos bonitate merendo,
Ciuibus exegit clemens, & comis amicis.
Henricus parto per plurima vulnera regno,
Mitis erat summis pariter regnator & imis,
Iustitia custos rigidus fautorque bonorum,
Non vindicta memor occulti fraude veneni
Grassata est, nulloque fides violata cruore.
Fortuna Cæsar non vsus vbique fauenti.
Fortunam Henricus plerumque expertus iniquam.
Castra videt Cæsar direpta ad flumina Sabis.
Exuitur pariter castris Henricus ad Heruas.
Amisit Cottam Cæsar validasque cohortes.
Bassaci Henricus patruum totasque phalanges.
Gergouiæ Cæsar muris abscessit inanis.
Henricus Pictos alio reuocatus omisit.
Et vidit sibi magnates insurgere Cæsar.
Henricus sibi primores obsistere regni.
Et Cæsar patrum decreto dicitur hostis.
Hostis & Henricus tota est iactatus ab aula.
Illum proscribunt Romani & Consul vterque.
Hunc Capitolini iaculantur fulmina patris.
Cæsaris aduersus nomen Roma induit arma.
In caput Henrici molitur plurima Roma.
Ambitione duces tres Gadibus omnia perdunt,
Discordes atra inuidia stimulisque malignis.

Dorlani totidem fusi, quorum occidit vnus.
Nicopolis præceps Caluinus cæditur vrbe.
Craone fugæ exitioque dati sunt præpete ductu.
Ingentem Cæsar signat tibi Bragada cladem.
Et Germanorum Henrico fert Daunia stragem.
Dyrrachij Cæsar dum confidentius hosti
Ingruit, aduerso Martis prope concidit ictu.
Aumalij Henricus validum dum negligit hostem
Pene repentino perijt certaminis æstu.
Massiliam Domiti capis, Arnantelle Amianam.
Cæsaris extremâ sunt summa pericula Mundâ.
Henrici extrema sunt summa pericula pugnæ.
Neuter at aduersis infracto pectore rebus
Succubuit. Statuas inimici à plebe reuulsas
Restituens Cæsar nomen sibi clarius affert.
Henricus delens alienæ opprobria famæ
Laude noua vehitur cunctis sublimior astris.
Ambo igitur post tot benefacta ingentia, ciues
Conciliasse rati, cunctis iamiamque salutem
Esse suam cordi, quò sese illustrior effert
Illorum virtus, minus hoc sensere litatum
Inuidiæ, inque dies magis implacabile virus.
Impatiens Cæsar lento torpere veterno
Post mitis documenta animi, post edita sumptu
Ludicra magnifico, & largis conuiuia mensis,
Muneraque in plebem dispersa, & reddita forti
Præmia militiæ, delinitumque Senatum.
Post erecta trophæa, suos & honoribus auctos,

Atque triumphatum noua per spectacula mundum,
Pacatosque animos, veterisque silentia noxæ
Inducta, & cunctis obliuia iussa querelis:
Iamque animo cœpit maiora agitare sagaci
Metiri ad cursum fastos & tempora Solis
Tollereque immodicum fœnus, præcidere lites
Gradiuo templum sacrare, ingentia plenis
Bibliothecarum componere pulpita libris,
Luxuriæ dapibusque suos præscribere fines,
Et pontes reparare, viasque insternere saxis,
Et Terracinæ iunctas siccare paludes,
Fucinique lacus vndas emittere putres,
Et maria effossis coniungere faucibus Isthmi,
Moliri bellum in Parthos, inuictaque regna
Arsacidûm, veteresque nouis cumulare triumphos:
Imperium vt Tanai sibi finiretur ad Arcton
Auroram at versus Mœotide, Caspia claustra
Atque pharetratos quà lambunt æquora Persas.
Sic maria atque altos cupiens prætendere montes
Imperio, & cunctis præstare immune periclis :
Non potuit tantis crudelia pectora rebus
Flectere, quæ sæui flagrantia peste veneni
Turgidaque inuidia, tantis clarescere Romam
Non potuere pati factis, & Cæsare tolli :
Nam tres & viginti odio rabieque furentes
Quos opibus magnis, quos & cumularat honore,
In medio tantum regem patremque senatu
Confodêre truces, nudum & nil tale timentem.

At superi vltores ferro flammaque cruentam
Consumpsere diu gentem, populique rebelles
Viderunt patrio manantes sanguine riuos :
Quemque recusarant dominum, videre deorum
Adscriptum numero, & luxerunt lumine cassum.
Henricus cui non quisquam virtute secundus,
Sparsa per immensas cuius miracula terras
Quamuis externis Francorum colla catenis
Libera reddiderat, naturæ signa benigna,
Maxima præbuerat, regnumque impleuerat omni
Lætitia, largas intràque & sparserat extrà
Diuitias, virtute, armis, & legibus ingens
Fuderat in cunctas decus indelebile gentes.
Post extincta etiam ciuilis semina belli
Postque sibi cunctos vni parêre coactos :
Iamque opportunam ventura in tempora laudis
Materiam nactus, moderari larga volebat
Fœnora, mensarum luxum compescere, lites
Tollere crescentes, metiri Sole sequentum
Annorum spatium, Graiumque Italumque vetustos
Bibliothecarum pluteis conquirere libros
Hucque professores magnis accersere donis,
Pontes instaurare, vias insternere saxo,
Exsiccare lacus, geminum mare iungere, sectis
Montibus, inque vnum transire canalibus amnem
Magna opera iussis, sic vt mirabilis esset
Author & in seros extaret fama nepotes.
Ergo ostendisset bello se posse superbum

Si vellet

Si vellet superare hostem, quem Gallia rebus
Insultare suis, odio quasi sensit avito:
Reddere detractas è regni corpore gentes,
Et priscos fines, quicquid capit Albis & Ister
Sub leges renocare suas, ratus ista decori
Consilij cœpta ingentes habitura fauores.
Inferna at mentes impulso Dæmone nobis
Hoc rapuere decus, stygio qui pectora cultro
Confodit tanti regis: sed rector olympi
Non scelus hoc immane unquam patietur inultum,
In coniuratos iustum vomet ille furorem,
In veros autem Gallos ancilia mittet
Et torrem nusquam casuri pignora regni.
Cæsari & Henrico vegeto sub corde calebat
Sanguis adhuc, poterantque animis adiungere robur
Imperijsque decus, cum vita ambobus adempta
Vix quinquaginta & septem numerantibus annos.
Quarto castra die moturis, ire videres
Fulgentes aquilas, & signa nitentia passim,
Agmine quadrato toruas incedere turmas,
Concussas latè gentes terrore moueri,
Viribus & nusquam tantis obstare paratas.
Augustum Cæsar puerili ætate reliquit
Inter fectores patris, qui vindice ferro
Per freta perque sequens terras, violenta coëgit
Figere tela sibi, gladioque occumbere eodem
Quem prius insontis tinxissent sanguine patris.
Regibus hinc domitis & gentibus, vndique leges

Imposuit mundo, fatisque fauentibus vsus
Vsque adeo, tunc vt sese demiserit alto,
Hoc regnante, Deus fœcundã in virginis aluum.
Henricus tenera nobis ætate reliquit
Phœnicem, cui vis animi, natiuáque virtus,
Fatáque propitijs riserunt candida Parcis.
Ille bonis æquus semper, nocuísque timendus
Perficiet magno quondam suscepta parenti,
Subiectúmque premens armis & legibus orbem,
Restituet Franca mox pristina iura coronæ :
Gloria sic vnis comes & clementia castris
Reddet inaurati fœlicia sæcula regni.

F I N I S.

Extraict du Priuilege du Roy.

Ar grace & Priuilege du Roy, il est perm[is]
Toussainct du Bray, Marchand Libraire[, de-]
ré à Paris, d'imprimer où faire imprimer, [vn]
liure intitullé, *Paralelles de Cesar, & de H[en]*-
ry le Grand, en vers François, & Latins, & deffen[ses]
sont faites à tous autres Libraires & Imprimeurs de [ce]
Royaume, de les imprimer où faire imprimer, sans
congé & consentement dudict du Bray, pendant [le]
temps & terme de six ans entiers & accomplis, sur p[ei-]
ne de confiscation desdits liures, & exemplaires co[n-]
trefaicts, & d'amande arbitraire enuers ledit du Br[ay]
& de tous ses despens dommages & intherests, ai[nsi]
que plus amplement est contenu & declaré és lett[res]
dudit Priuilege. Donné à Paris ce septiesme iour [de]
Ianuier, mil six cens quinze.

Par le Roy en son Conseil.

Signé,

LAFFEMAS.

www.ingramcontent.com/pod-product-compliance
Lightning Source LLC
Chambersburg PA
CBHW061335050726

47595CB00005B/1930